Jean-Pierre Panouillé

HISTOIRE DU LANGUEDOC
racontée aux jeunes

Illustrations de Lazé

SUD OUEST

2

Le Languedoc.

C'est sans doute le grand poète italien du Moyen Age, Dante (1265-1321), qui inventa le mot languedoc. Alors qu'il réfléchissait sur les langues parlées à son époque, il distingua celles pour lesquelles oui se disait « si » comme en Italie, « oil » comme dans la moitié nord de la France, et il nomma « langue d'oc » celle où oui se disait « oc » comme dans le Midi.

Mais les pays de « langue d'oc » (on dira aussi l'Occitanie) constituent un ensemble bien plus vaste que la province qui, dès le XIVe siècle, portera couramment ce nom.

En 1790, le Languedoc est divisé en huit départements (la Haute-Garonne, le Tarn, l'Aude, l'Hérault, le Gard, la Lozère, l'Ardèche et, pour sa moitié sud, la Haute-Loire).

Aujourd'hui, la région « Languedoc-Roussillon » correspond en gros au sud de l'ancienne province, augmenté du Roussillon, tandis que le nord du Languedoc appartient à la région Midi-Pyrénées et, pour une petite partie, aux régions Auvergne et Rhône Alpes.

Malgré ces divisions, les Languedociens gardent vivant le souvenir d'une histoire et d'une culture communes.

Une histoire qui a uni les habitants de contrées bien différentes : le Bas Languedoc est une plaine bordée d'étangs reliés à la Méditerranée par des graus. Le Haut Languedoc qui s'élève vers le cœur du Massif Central est une zone de moyennes montagnes, de plateaux, de gorges étroites et profondes. Par la vallée de la Garonne, la région toulousaine s'ouvre sur l'Aquitaine.

L'influence du climat méditerranéen se fait presque partout sentir.

Cette province est une terre de passage. Le golfe du Lion et la Méditerranée permettent les relations avec le Moyen Orient, la Grèce et l'Afrique du Nord. Le long de la côte court une voie reliant l'Italie à l'Espagne. Narbonne, Carcassonne et Toulouse jalonnent le plus court chemin terrestre entre l'Atlantique et la Méditerranée. A l'est, la vallée du Rhône conduit vers l'Europe du Nord.

La province du Languedoc.

La Préhistoire : chasse, pêche, cueillette...

De la préhistoire à la fondation de Narbonne.

La découverte de galets grossièrement taillés (des « galets tranchants ») sur quelques sites du Languedoc permet d'affirmer que des hommes y vivaient déjà il y a plus d'un million d'années.

Comme le reste de l'Europe, la région connaîtra jusque vers 10000 avant Jésus-Christ de longues périodes de climat froid alternant avec des périodes de réchauffement. Des groupes de chasseurs traquaient le

En 121 av J.C., Domitius Ahenobarbus étend sur le Languedoc la domination romaine.

mammouth, le bison, le renne et le petit gibier, tout en pratiquant la cueillette.

L'agriculture apparaît en Languedoc vers 5000 avant Jésus-Christ. Les premiers villages regroupent cultivateurs et animaux d'élevage ; la poterie devient d'usage courant.

A partir du VIIe siècle avant Jésus-Christ, les commerçants grecs, étrusques ou carthaginois, multiplient les échanges avec les peuples du Languedoc. La fondation d'Agde (en grec, Agathée Tychée : la bonne fortune) témoigne du rôle très actif des marchands grecs de Marseille.

Les fouilles archéologiques révèlent l'existence de nombreuses petites villes, presque toujours situées sur une hauteur, et le plus souvent fortifiées : les *oppida* (pluriel du latin *oppidum*). On peut aujourd'hui visiter l'oppidum d'Ensérune.

En 121 avant Jésus-Christ, le proconsul Cneius Domitius Ahenobarbus franchit le Rhône à la tête de ses légions. Juché, pour impressionner les populations, sur un éléphant, il soumet toute la région entre Rhône et Pyrénées, étendant la domination romaine jusqu'à Toulouse et aux bordures du Massif Central. Pour les habitants de cette partie de la Gaule, où se mêlaient des Celtes (les Volques) et des peuples plus anciennement installés, les Romains ne sont pas vraiment des étrangers. Depuis longtemps, les marchands italiens parcouraient le pays. Aussi l'administration romaine fut-elle facilement acceptée.

Domitius fit aménager la route qui longeait la Méditerranée depuis l'Italie jusqu'à l'Espagne.

En 118 avant Jésus-Christ, une colonie fut fondée. On l'appela Narbo Martius. Narbo : un nom local qui évoque l'eau (celle de l'Aude ou celle d'une source), Martius pour invoquer la protection du dieu Mars. Des citoyens romains vinrent s'installer sur les terres qu'on leur distribua.

Près de l'oppidum de Montlaurès, une nouvelle ville apparut : Narbonne.

6

Le Languedoc Romain.

Pendant les deux premiers siècles de notre ère, le Languedoc, alors nommé « Narbonnaise » fut l'une des provinces les plus prospères de l'Empire Romain.

Narbonne en était la capitale. Armateurs et marchands venus de tout le monde méditerranéen se rencontraient dans le port de la Nautique, sur l'étang de Bages, et en ville, dans les galeries de l'Horréum (les entrepôts souterrains).

Fondée par l'empereur Auguste, Nîmes était entourée d'une enceinte de près de 6 kilomètres dominée par la Tour Magne. La source consacrée au dieu Némausus (dont la ville tire son nom) ne suffisait pas à satisfaire les besoins en eau. On capta les eaux de l'Eure à plus de 50 kilomètres de là (près d'Uzès), et on les amena jusqu'à la ville par un aqueduc dont le pont du Gard est le plus beau vestige. Pour ho-

Le pont du Gard.

Les arènes de Nîmes.

norer l'empereur et sa descendance, on construisit un temple que les Nîmois appellent aujourd'hui la « maison carrée ». L'amphithéâtre pouvait accueillir 23 000 spectateurs, venus assister aux combats de gladiateurs.

Béziers et Toulouse tiraient une partie de leur richesse de leur situation, l'une sur la voie Domitienne, l'autre sur la voie d'Aquitaine qui reliait Narbonne au cœur de la Gaule.

Dans les campagnes, des grands domaines, les *villæ*, employaient plusieurs dizaines ou centaines de personnes : agriculteurs, artisans, serviteurs de riches propriétaires. Les noms des villages se terminant en ac, argues ou an, si nombreux en Languedoc, signalent qu'ils ont pour origine une ancienne villa gallo-romaine. La culture de la vigne s'est largement développée. Les vins italiens qui étaient autrefois débarqués à Narbonne sont désormais concurrencés par la production languedocienne. On a retrouvé à Rome un fragment d'amphore sur lequel est inscrit : « Je suis du vin de Béziers vieux de 5 ans ». Les navires quittaient aussi Narbonne chargés de blé toulousain, de lingots de métal, de poteries du Gévaudan, de fromages, de salaisons, de cuirs...

Le Languedoc au IIe siècle est profondément romanisé. Partout on parle latin. Le droit écrit des Romains est appliqué et c'est même un empereur d'origine nîmoise, Antonin le pieux, qui de 138 à 161 gouverne l'Empire avec une sagesse qui fait l'admiration de tous.

Les premières communautés chrétiennes importantes apparurent au IIIe siècle. Deux évêques jouèrent un rôle légendaire dans l'évangélisation de la région : saint Paul-Serge à Narbonne et saint saturnin (Sernin) à Toulouse. Ce dernier connut le martyre, traîné dans les rues de la ville attaché à un taureau.

Le comte de Toulouse, Raymond IV, part en croisade.

Des barbares aux comtes de Toulouse.

A l'époque où le christianisme s'implante en Languedoc (fin du IIIe et IVe siècles), la région commence à connaître l'insécurité des désordres du Bas Empire et des invasions barbares. Une grande partie de la population préfère vivre à l'écart dans la campagne, jugée plus sûre. Ceux qui restent en ville se regroupent sur un espace réduit, plus facile à défendre. A Nîmes, l'amphithéâtre est transformé en place forte.

Au début du Ve siècle, les Wisigoths devinrent maîtres du Sud de la Gaule, faisant de Toulouse leur capitale. Vaincus par les Francs à la bataille de Vouillé, en 507, ils se replièrent en Espagne, ne conservant que le bas Languedoc alors appelé Gothie ou Septimanie. Pendant deux siècles, la région fut donc divisée : le Nord appartenait aux Francs, le Sud dépendait du royaume Wisigoth d'Espagne.

En 720, après avoir conquis la plus grande partie de l'Espagne, les Arabes installèrent quelques garnisons en Septimanie. Une trentaine d'années plus tard, ils furent repoussés par Pépin le Bref.

Dans la lutte qui, sous Charlemagne, se poursuivit entre Francs et Sarrasins, le comte de Toulouse, Guillaume, s'illustra par sa bravoure. En 804, il décida de consacrer sa vie à Dieu et fonda un monastère qui deviendra Saint Guilhem-le-Désert, l'un des hauts lieux de l'art roman.

Avec Raymond IV, le prestige de la maison de Toulouse s'affirme. Avant de succéder à son frère aîné, Raymond était seigneur de Saint-Gilles, une abbaye établie au bord d'un bras du Rhône, qui avait donné naissance à une ville prospère. Il garda le nom de Raymond de Saint-Gilles. En 1095, il fut l'un des premiers à répondre à l'appel d'Urbain II qui prêchait la croisade. A ses côtés, Adhémar, évêque du Puy, était le représentant du pape (son légat). En juillet 1099, les croisés s'emparèrent de Jérusalem. Agé de près de 60 ans, Raymond fit la conquête de la riche région de Tripoli (au Liban), et créa une principauté qui restera longtemps en relation avec les marchands languedociens.

Lorsque Raymond de Saint-Gilles partit en croisade, les Toulousains commençaient à construire l'église Saint-Sernin. Le chantier fut très actif jusque vers 1120, puis les travaux se poursuivirent plus lentement. La basilique Saint-Sernin est aujourd'hui la plus grande et l'une des plus belles églises romanes de France.

Toulouse : la construction de Saint Sernin.

10

Le Languedoc des troubadours.

L'amour courtois.

Au XIIe siècle, l'architecture et la sculpture romanes s'épanouirent magnifiquement en Languedoc avec Saint-Sernin de Toulouse, Saint-Gilles-du-Gard, Saint-Guilhem le désert, Maguelone, Alet, Fontfroide, Notre-Dame du Puy... Mais la civilisation languedocienne connut aussi alors bien d'autres transformations.

Les seigneurs accordèrent la liberté aux habitants des villes. Ceux-ci purent élire des consuls qui les représentaient et prenaient en main, avec plus ou moins d'autonomie, l'administration des affaires communales (justice, maintien de l'ordre, ravitaillement, travaux...). Des bourgs se sont étendus en avant des vieilles murailles, des agglomérations nouvelles ont vu le jour. Ainsi Montpellier, dont le développement accompagne la montée en puissance d'une dynastie de seigneurs : les Guilhem.

Dans les campagnes, souvent à l'initiative des grandes abbayes, des terres sont défrichées, des villages créés, des ressources mieux exploitées (le châtaignier dans les Cévennes par exemple).

Les seigneurs passent la plus grande partie de leur temps à chasser, à se faire la guerre, à se réconcilier, à s'affronter dans des tournois. Jongleurs et montreurs d'ours égayent les soirées au château. Mais grands et petits féodaux mènent aussi une « vie de cour », s'entourant de nombreux serviteurs, recevant vassaux ou suzerains.

Il faut se conduire « courtoisement », être brave au combat bien sûr, mais ne pas, en bonne compagnie, agir comme une brute ; demander à une dame si l'on peut s'asseoir près d'elle, être bien coiffé et élégant, manger proprement, ne pas parler grossièrement...

Les troubadours sont souvent des seigneurs, puissants ou modestes, parfois des femmes, parfois des gens du peuple que leur talent fait admettre dans les châteaux. Ils chantent eux mêmes leurs œuvres ou les font interpréter par un jongleur musicien. Le principal sujet des « cantos » est le « fin amor », l'amour raffiné, qui respecte la dame aimée, se soumet à ses sentiments. Un sourire, un geste, une parole, un baiser provoquent une joie immense et des émotions subtilement décrites.

Les troubadours ne s'exprimaient pas en latin, que seuls comprenaient alors les prêtres et quelques hommes de loi, mais en langue d'Oc. Ils firent de cette langue parlée, issue d'un latin populaire déformé par le temps, enrichi de mots ou de tournures employés par les peuples d'avant la conquête romaine ou par les barbares, une langue écrite, littéraire, comprise et utilisée dans tout le Midi.

Voici un court extrait d'une « canso » de Raimon de Miraval. Chevalier sans fortune, troubadour, il fréquenta, à la fin du XIIe siècle et au début du XIIIe siècle, les cours de Carcassonne, de Toulouse et d'Aragon.

« Pauc val qui non es enveios
E qui non desira-l plus car
E qui no s'entremet d'amar
Greu pot esser gaillartz ni pros
Que d'amor ven gaugz e ven bes
E per amor es hom cortes... »

(Il vaut peu celui qui n'est pas amoureux,
Car celui qui néglige l'amour
Ne peut être vaillant ni preux
De l'amour viennent bien et joie,
C'est par amour qu'homme est courtois...)

Troubadour en route vers le château de Puivert.

La croisade contre les Albigeois.

Bien qu'ils n'aient pas été plus nombreux à Albi qu'à Toulouse ou à Carcassonne, on a souvent appelé Albigeois ceux qui dans l'ouest du Languedoc, au XIIe siècle, avaient adopté une doctrine religieuse sans doute rapportée d'Orient par des marchands ou des pèlerins : le catharisme.

Pour les cathares, le diable a entraîné les âmes pures et bonnes dans un monde mauvais qui est son œuvre. Il faut donc retrouver la pureté primitive (cathare en grec veut dire pur).

Les « parfaits », ou « bonshommes », vivaient donc pauvrement, ne consommaient pas de viande, s'alimentaient un minimum, refusaient de se marier et d'avoir des enfants.

L'Eglise catholique condamna une telle doctrine qui refusait l'idée que les hommes étaient, corps et âme, les créatures de Dieu.

Quelques membres du clergé, comme l'espagnol Dominique Guzman (Saint Dominique), parcoururent le pays en tentant de convaincre les populations que les cathares étaient dans l'erreur. Mais la parole et l'exemple de pauvreté ne suffirent pas.

En janvier 1209, le pape Innocent III décida d'appeler à la croisade. Il s'agissait de déposséder de leurs terres et de leur pouvoir les seigneurs du Languedoc qui toléraient dans leur fief le développement de l'hérésie.

Les croisés prirent d'abord Béziers, dont la population fut massacrée.

A Carcassonne, le jeune vicomte Raymond-Roger Trencavel préféra se

rendre après 15 jours de siège, obtenant ainsi la vie sauve pour les habitants de la Cité. Les croisés désignèrent Simon de Montfort, un seigneur d'Ile de France, pour être le nouveau vicomte d'un territoire qui s'étendait du Tarn aux Pyrénées, et comprenait les villes de Béziers, Carcassonne, Limoux, Castelnaudary, Albi. Montfort pourchassa impitoyablement les hérétiques. Puis il trouva dans l'attitude de Raymond VI de Toulouse, jugé trop tolérant, le prétexte pour tenter de s'emparer de ses vastes domaines.

Au début, il remporta des succès : le roi Pierre II d'Aragon, venu aider Raymond VI, fut vaincu et tué à la bataille de Muret en septembre 1213. Mais bientôt la révolte se mit à gronder et le fils de Raymond VI, Raymond VII, multiplia les attaques. A Beaucaire, Simon n'obtint la délivrance de ses hommes, retranchés dans le château, qu'en abandonnant la ville. A Toulouse, qui résista victorieusement à un long siège, Montfort fut tué par un boulet de catapulte en juin 1218. Raymond VI et son fils retrouvèrent leur comté.

Amaury de Montfort, le fils de Simon, n'avait pas l'énergie de son père, manquant d'argent et d'hommes ; il se résigna à abandonner la vicomté de Carcassonne et la céda au roi de France, Louis VIII, en février 1224.

Après la prise et l'incendie de Béziers, les croisés s'apprêtent à marcher sur Carcassonne.

14

L'annexion du Languedoc au domaine royal.

En 1226, alors que l'hérésie persistait sur les terres du comte de Toulouse, une nouvelle croisade fut décidée. Le roi de France, Louis VIII, prit la tête d'une puissante armée.

Lassées de plus de 15 ans de guerre, la plupart des villes du Languedoc se soumirent au roi. Sa mort, au retour de l'expédition, n'empêcha pas son épouse, Blanche de Castille, d'imposer à Raymond VII de Toulouse, en 1229, le traité de Paris. Raymond VII renonçait ainsi à ses droits de suzerain sur les terres de Trencavel, conquises par Simon de Montfort puis cédées au roi par Amaury de Montfort. Il abandonnait aussi au roi ses possessions sur la rive droite du Rhône. Cet ensemble formera les sénéchaussées de Beaucaire et de Carcassonne (elles sont gouvernées par un sénéchal qui agit au nom du roi). Une tentative de Raymond Trencavel pour reprendre les terres de son père et assiéger Carcassonne en 1240 échouera, comme une brève rébellion de Raymond VII en 1242. Celui-ci en effet supportait mal un traité qui lui laissait Toulouse et sa région, faisait de sa fille Jeanne son unique héritière mais avait imposé qu'elle épousât Alphonse de Poitiers, un frère du roi. Si le couple mourait sans enfant, le Toulousain reviendrait à la couronne de France. C'est ce qui se passa en 1271.

Les rois de France sont-ils alors les maîtres de tout le Languedoc ? Pas tout à fait.

Par ailleurs, Jacques 1er d'Aragon sut sagement renoncer aux prétentions

La Cité de Carcassonne au XIVe siècle.

de ses ancêtres sur les terres du Languedoc dont ils étaient suzerains ; Saint Louis fit de même pour le Roussillon et le comté de Barcelone. Par le traité de Corbeil de 1258, la limite entre le Languedoc et le Roussillon devenait la frontière entre le royaume de France et l'Espagne. Jacques 1er gardait toutefois Montpellier (héritage de sa mère, Marie de Montpellier), qu'il légua avec le Roussillon et les Baléares à son fils cadet, qui prit le titre de roi de Majorque. En 1349, le dernier roi de Majorque vendit Montpellier au roi de France, Philippe VI. A cette date, l'hérésie cathare avait pratiquement disparu en Languedoc. Les féodaux favorables aux « bonshommes » avaient été dépossédés. En 1244, environ 200 « parfaits » réfugiés à Montségur avaient été menés au bûcher, marquant, avec la prise du château de Quéribus en 1255, la fin de la résistance armée. Une procédure d'enquête religieuse qui favorisait les dénonciations et multipliait les interrogatoires, l'inquisition, pourchassa les derniers hérétiques.

La force, le retour à la paix, une administration efficace, de nouvelles possibilités pour les élites de voir reconnaître leur mérite en servant le roi ou en développant l'activité économique, eurent raison des dernières résistances.

Carcassonne symbolise bien cette évolution. La Cité, qui avait résisté un temps aux assauts des croisés, est puissamment fortifiée sous Saint Louis et sous Philippe III le Hardi pour abriter les hommes du roi et montrer aux Languedociens comme à l'Aragon, tout proche, la puissance du souverain. La ville basse, créée sous Saint Louis, remplace les anciens bourgs qui entouraient la Cité, et prospère rapidement.

La cuvette de l'ancien étang de Montady.

La province de Languedoc à la fin du Moyen Age.

Le retour à la paix s'accompagna de la création, surtout dans la partie ouest du Languedoc, de villes nouvelles, appelées bastides, au plan le plus souvent

en damier, comme par exemple à Revel, dans la Montagne Noire.

Aigues-Mortes, à l'extrémité orientale de la province, présente le même plan quadrillé. Saint Louis, qui décida la création de ce nouveau port sur la Méditerranée, s'y embarqua pour l'Egypte en 1248, puis pour Tunis en 1270 dans l'espoir de libérer les lieux saints. La tour de Constance fut construite sous son règne ; l'enceinte fortifiée qui entoure la ville fut commencée sous Philippe III le Hardi (fin du XIIIe siècle). Les rois de France firent aussi moderniser par leurs architectes plusieurs châteaux des Pyrénées (Peyrepertuse, Quéribus, Puylaurens, Aguilar, Termes...), pour défendre la frontière franco-aragonaise et marquer la limite du royaume.

L'influence de l'architecture du Nord se fait aussi sentir dans les édifices religieux construits à la fin du XIIIe et au XIVe siècles : le transept de Saint-Nazaire à Carcassonne, l'église des Jacobins à Toulouse, l'immense cathédrale Saint Just à Narbonne, dont seul le chœur sera achevé, la cathédrale Sainte-Cécile d'Albi. Mais l'art gothique est interprété en Languedoc avec une originalité qui lui donne sa propre personnalité.

La prospérité de la deuxième moitié du XIIIe et du début du XIVe siècles se manifeste par la poursuite de la mise en valeur des terres, par exemple, l'assèchement de l'étang de Montady, près d'Enserunes. A la même époque, on commence à exploiter le charbon d'Alès ; la filature et le tissage de la laine se développent dans la région de Carcassonne.

La peste noire, les chevauchées dévastatrices de la guerre de cent ans, éprouvent terriblement la région à partir de 1348 et jusqu'au milieu du XVe siècle.

Placé sous l'autorité d'un gouverneur, le Languedoc est défini en 1360 comme la réunion des trois sénéchaussées de Toulouse, Carcassonne et Beaucaire. Les limites de la province ne changeront pas jusqu'à la Révolution. Face au pouvoir royal, une assemblée, les Etats du languedoc, représentait la population.

Aigues Mortes au début du XIVe siècle.

La Faculté de médecine de Montpellier au XVIe siècle.

Un pays de science et de cocagne ?

Au XVIe siècle, les éléments d'une lente transformation des campagnes se mettent en place. Les céréales restent la base de l'alimentation, mais les paysans s'intéressent à des plantes jusque là inconnues dans la région, ou peu cultivées. Certaines ont pour origine l'Orient et les pays du bassin méditerranéen : artichauts, melons, courges, aubergines. D'autres, à la fin du siècle, arrivent des Amériques : maïs, tomates, piments, haricots, pommes de terre...

La vigne occupe encore assez peu d'espace mais certains crus, comme le muscat de Frontignan, sont déjà célèbres.

Dans son domaine de Pradel, près de Privas, Olivier de Serres tente de créer une exploitation modèle. En 1600, il publie le *Théâtre d'agriculture*, premier ouvrage d'agronomie digne de ce nom. Il suggère de planter partout en France des mûriers, ces arbres dont les feuilles servent de nourriture aux vers à soie.

Dans la région toulousaine, l'Albigeois et le Lauragais, la culture du pastel alimente une petite industrie locale et un commerce fructueux. Les feuilles de pastel, écrasées dans des moulins, sont malaxées pour donner une pâte dont on fait des boules en forme de poire (les coques ou cocagnes). Leur macération produit une teinture d'un très beau bleu qui se fixe parfaitement sur les tissus. A Toulouse, Jean de Bernuy et Pierre Assezat font fortune en vendant des coques de pastel en Espagne, à Anvers, à Londres...

Si Toulouse profite beaucoup de la vente du pastel, le commerce de Montpellier décline.

Ces deux grandes villes, par contre, vivent largement d'institutions judiciaires et d'universités qui ont acquis un grand prestige.

Le parlement, qui se fixe à Toulouse, est la plus haute cour de justice de tout le Midi ; l'Université de Toulouse quant à elle est surtout célèbre pour l'enseignement du droit. Montpellier accueille des étudiants en médecine venus de toute l'Europe. Le savoir-faire de ses apothicaires, habiles à préparer d'efficaces produits pharmaceutiques, augmente d'autant sa réputation. La faculté de médecine a gardé le souvenir de François Rabelais. En 1531, candidat à la licence, il était en même temps chargé d'un cours. De retour à Montpellier en 1536, Rabelais y obtint son doctorat. Avec son ami Guillaume Rondelet, dont il fera sous le nom de Rondibilis l'un des personnages des aventures de Pantagruel et de Panurge, il pratiquait devant les élèves des dissections de cadavres, pour mieux comprendre l'anatomie du corps humain.

La prospérité et le rayonnement du Languedoc au XVIe siècle ont hélas leurs limites. La forte croissance de la population au début du siècle annule les efforts pour produire plus. A partir de 1560, les guerres de religion déchirent la province.

Une pharmacie à Montpellier au XVIe siècle.

Le Languedoc déchiré par les guerres de religion.

A partir de 1525, les idées de Luther et de Calvin commencent à être connues en Languedoc, en même temps que progressent la pratique du Français et la diffusion des livres imprimés.

C'est dans l'est du Languedoc que les partisans d'une religion « Réformée » seront particulièrement nombreux. Le protestantisme s'implante très fortement dans les Cévennes, à Uzès, à Anduze, à Alès, et dans les villages les plus reculés. A Nîmes, les Huguenots deviennent maîtres de la ville en 1561, après avoir chassé ou tué les prêtres et mis les églises à sac. A ces brutalités répond, l'année suivante, le massacre des protestants de Toulouse. C'est le début de près de 40 années de guerre.

En 1598, le roi Henri IV réussit à imposer l'édit de Nantes qui garantit la coexistence des deux religions. Le Languedoc connaît quelques années de paix. Mais sous Louis XIII, en 1627, les protestants se sentent menacés par la politique de Richelieu et se soulèvent. Leur chef, Henri de Rohan, accepte en 1629 la paix d'Alais (on écrit aujourd'hui Alès), qui maintient la liberté de

culte mais enlève aux protestants leurs forces militaires.

Le règne de Louis XIV voit s'ouvrir une période de persécutions.

En 1685, Louis XIV révoque l'édit de Nantes : le culte réformé est interdit, les temples détruits, les pasteurs chassés du royaume.

Cette décision aura en Languedoc deux graves conséquences. La première est l'exil de peut-être plus de 20000 Languedociens (sur un million à un million et demi d'habitants que compte alors la province).

La seconde, c'est la « guerre des camisards », ainsi nommée à cause de la « camise », chemise ample que portaient les Cévenols. Les protestants qui refusaient d'abjurer leur foi pratiquèrent leur culte clandestinement, dans des « assemblées du désert » tenues en pleine campagne, dans des lieux isolés ou des granges. Puis, à partir de 1702, un soulèvement armé tient en échec les armées royales et les maréchaux de Louis XIV. En 1704, la plus grande partie des insurgés accepte de cesser les combats contre des promesses de tolérance qui ne seront pas tenues. Les protestants continueront d'être persécutés avec plus ou moins de vigueur, envoyés aux galères ou, pour les femmes, emprisonnées dans la Tour de Constance d'Aigues Mortes. Marie Durand, arrêtée en 1730, y restera 38 ans, Anne Gaussent, 45 ans.

La guerre des Camisards dans les Cévennes : de multiples embuscades tendues aux troupes royales.

Et le rêve devint réalité...

Pierre-Paul Riquet aurait pu profiter paresseusement de sa fortune dans son domaine de Bonrepos, près de Revel. Pierre Fermat était un honorable magistrat, conseiller du parlement de Toulouse. Jean-Baptiste Poquelin avait son avenir tout tracé : tapissier du roi, comme son père. Mais tous trois rêvaient d'autre chose...

Fermat aimait les mathématiques pour le plaisir. Les spécialistes voient cependant en lui l'un des plus grands mathématiciens français. Fermat réalisait ainsi son rêve : « Résoudre aisément des difficultés qui ont causé tant d'embarras aux géomètres anciens et modernes ».

En 1643, à l'âge de 21 ans, Jean-Baptiste Poquelin prend le nom de Molière et fonde une troupe de comé-

Molière et sa troupe devant les loggias de l'hôtel d'Alfonse à Pézenas.

Riquet au seuil de Naurouze : de là partiront les deux branches du canal du Midi.

diens. Mais dans la capitale, le succès ne vient pas. Molière décide de tenter sa chance en province.

Molière et ses amis sont applaudis à Toulouse, Montpellier, Béziers, Albi, Carcassonne, Narbonne... D'octobre 1650 à janvier 1651, ils divertissent ces « messieurs » du parlement de Languedoc réunis à Pézenas. Molière fait son apprentissage d'auteur avec des farces : *La jalousie du Barbouillé, Le médecin volant*.

Né à Béziers, Pierre-Paul Riquet engagea toute sa fortune dans une œuvre que la plupart de ses contemporains jugeaient irréalisable : relier la Garonne aux rives du golfe de Lion par un canal, et mettre ainsi en communication l'Atlantique et la Méditerranée. Les travaux commencèrent en 1666 ; ils seront financés par le trésor royal, les états du Languedoc et Riquet lui-même. Lorsqu'il mourut en 1680, à l'âge de 71 ans, l'ouvrage était pratiquement achevé. La grande difficulté avait été d'alimenter le canal en eau. Le relief en effet s'élève, depuis Toulouse, jusqu'au seuil de Naurouze puis s'abaisse jusqu'à la mer. L'eau des ruisseaux de la montagne Noire est amenée dans de vastes réservoirs (les lacs de Saint Férréol et du Lampy). De là, une « rigole » conduit l'eau jusqu'à Naurouze.

Pour accueillir le trafic entre le canal et la Méditerranée, Colbert avait décidé de créer un port au pied du mont Saint-Clair, entre la mer et l'étang de Thau. Les travaux commencèrent eux aussi en 1666. Riquet en fut l'un des maîtres d'œuvre. Ainsi naquit le port de Cette (on écrira Sète après 1927) qui devint rapidement très actif.

Fermat. Comment démontrer ce théorème ?

La bête du Gévaudan.

Le 12 janvier 1765, sept enfants du hameau de Villaret, situé dans les monts de la Margeride, gardaient les bêtes de leurs parents. Les enfants n'étaient pas tranquilles. Depuis l'été 1764, une bête mystérieuse, aussi féroce qu'habile à échapper aux poursuites, parcourait le Gévaudan. La bête avait déjà fait 23 victimes. Jacques-André, Jacques et Jean, tous trois âgés de 12 ans, Madeleine et Jeanne, âgées de 9 ans, Joseph et Jean, âgés de 8 ans, avaient donc décidé, afin de ne pas être seuls en cas de danger, de regrouper les quelques vaches et veaux qu'ils devaient garder. Ils étaient chacun armés d'un bâton au bout duquel leurs parents avaient solidement attaché une lame de couteau.

Soudain, la bête, qui ressemble à un énorme loup, surgit à quelques pas d'eux. La bête tourne autour du groupe ; brusquement, elle bondit si vite qu'elle renverse le petit Joseph et le mord à la joue. Les enfants réussissent avec leur pique à lui faire lâcher prise. Joseph se relève, il saigne abondamment. La bête revient, fait tomber le petit Jean. Les autres la repoussent. Elle s'approche à nouveau, saisit par un bras le petit garçon resté à terre et s'enfuit en le traînant. Un moment paralysés par la peur, les enfants hésitent. Jacques-André les entraîne à la poursuite de la bête. A nouveau, ils cherchent à la blesser avec leur pique. Ils visent les yeux et le museau. La bête saisit dans sa gueule le couteau de Jacques-André et le tord. Mais finalement, un coup mieux placé que les autres fait reculer l'animal, qui abandonne le combat et s'éloigne.

Pour les récompenser de leur courage, Louis XV fera parvenir aux six enfants 300 livres qu'ils se partageront (à cette époque un ouvrier maçon gagne environ 1 livre par jour). Jacques-André recevra pour lui seul la même somme.

Le 27 janvier, on apprit que Louis XV offrait 6000 livres à qui tuerait le monstre et l'enverrait, empaillé, à

Versailles. Depuis la fin de l'été 1764, le capitaine Duhamel et une cinquantaine de dragons à pied et à cheval traquaient la bête en vain.

En mars 1765 arriva en Gévaudan un gentilhomme normand, grand chasseur de loups. Il repartit bredouille.

En juin 1765, Louis XV dépêcha le lieutenant de ses chasses, Antoine de Beauterne, à la tête d'une petite équipe. Le 21 septembre, Beauterne tua un loup d'une taille extraordinaire. Son cadavre, empaillé, fut expédié à Versailles. Beauterne reprit ses fonctions à la cour. L'automne 1765 se passa sans agression, mais en décembre des enfants et des femmes furent encore attaqués. Tout au long de l'année 1766, on compta les victimes par dizaines. Au printemps 1767, le marquis d'Apcher de Saint-Chély, âgé de 19 ans, décida, coûte que coûte, qu'il débarrasserait son pays de ce fléau. Il organisa de nombreuses chasses. Au cours de l'une d'elle, le 19 juin, un vieux paysan, excellent chasseur, Jean Chastel, abattit un grand loup. Il n'y eut plus dès lors de nouvelle victime.

La légende d'une bête mystérieuse survécut longtemps à cette histoire. Il est vrai qu'à l'ordinaire, les loups n'attaquent pas les hommes.

Les louvetiers royaux pourchassent la bête du Gévaudan.

Vendanges en Biterrois.

L'industrie ou la vigne ?

Au XVIIIe siècle, le Languedoc était l'une des grandes régions industrielles du royaume.

Depuis le Moyen Age, la fabrication d'étoffes de laine était une spécialité de Carcassonne et des villages alentours. La création de manufactures royales accrut encore une production en partie destinée à l'exportation.

Filature de la soie.

Dans les Cévennes, les magnaneries abritaient des claies sur lesquelles étaient disposés les vers à soie que l'on nourrissait avec des feuilles de mûrier. Alès, Le Vigan, Ganges, Nîmes surtout, étaient de grands centres de production de soieries. Mais, au milieu du XIXe siècle, une maladie du vers à soie, la pébrine, puis la concurrence des importations, détournèrent peu à peu les Cévenols de « l'arbre d'or » (le mûrier) et de la sériciculture.

A Nîmes, à Montpellier, on filait et on tissait le coton. Le mot « denim », qui désigne en anglais le tissu dans lequel sont taillés les « jeans », est l'abréviation déformée de « serge de Nîmes ».

Mais, dès la fin du XVIIIe siècle, le dynamisme de l'industrie textile en Languedoc semble s'essouffler.

Le déclin n'est cependant pas général. Mazamet et sa région restent de grands centres lainiers. La haute vallée de l'Aude se spécialise dans la production de chapeaux de feutre.

Le charbon languedocien est extrait en grande quantité à partir du XVIIIe

siècle et surtout au siècle suivant. Alès et Carmaux sont les deux grandes villes minières. Des hauts fourneaux pour l'une, des verreries pour l'autre, utilisent une partie du combustible obtenu.

L'extraordinaire développement de la viticulture a-t-il détourné le Languedoc de l'industrie ? En partie peut-être.

Au XVIIIe siècle et dans la première partie du XIXe siècle se produit une première extension du vignoble.

Dans la deuxième moitié du XIXe siècle, ce mouvement s'accéléra. Le phylloxera faillit briser cet élan. Ce puceron venu d'Amérique piquait les racines des plants et provoquait leur mort en quelques années. Entre 1870 et 1880, des dizaines de milliers d'hectares furent dévastés.

Le remède sera assez rapidement trouvé : greffer des plants français sur des souches américaines résistantes aux attaques du puceron. Le vignoble se reconstitua et s'étendit encore. Les producteurs cherchèrent plus la quantité que la qualité. Le Bas Languedoc, à la fin du XIXe siècle, devint « un océan de vigne ».

Une verrerie à Carmaux.

Toulouse Lautrec dans son atelier.

De l'ancien régime à la république.

Après la Révolution et la création des départements, la province de Languedoc perdit son existence politique et administrative. Dans son ensemble, le Languedoc reste modéré et semble satisfait du retour à l'ordre sous l'Empire, puis sous la Restauration.

Mais la laïcité, l'anticléricalisme, le socialisme sont des thèmes qui à la fin du XIXe siècle trouvent parmi les Languedociens une large audience.

Quelques personnalités marquent les étapes de cette évolution. Le Gardois Antoine Rivarol montra, par ses pamphlets, son hostilité à la Révolution. Le poète André Chenier s'enthousiasma pour l'idéal des droits de l'Homme. Le Carcassonnais Fabre d'Eglantine fu

...ami de Danton et de Marat. Le Tarnais Nicolas Soult fut l'un des meilleurs maréchaux de Napoléon. Carcassonnais d'adoption dans sa jeunesse, Armand Barbès se montra sous la Restauration, à partir de 1830, un fervent partisan de la République. Plusieurs fois arrêté, il participa à Paris à la révolution de 1848, puis fut à nouveau emprisonné. Gracié par Napoléon III, il s'exila, refusant de vivre sous un régime qui n'était pas démocratique.

Jean Jaurès devint professeur de philosophie à Albi, près de Castres, sa ville natale, puis à la faculté de Toulouse. Il fut élu une première fois député en 1885. C'est sa réflexion philosophique et la découverte de la condition misérable des ouvriers verriers et des mineurs de Carmaux, dont il soutint la grève en 1892, qui le conduisirent peu à peu à développer l'idée d'un socialisme humain et respectueux de la démocratie. Soucieux de créer l'unité des mouvements socialistes, qui se réalisa en 1905, profondément pacifiste, Jaurès mourra à la veille de la première guerre mondiale, assassiné par un illuminé qui confondait patriotisme et bellicisme.

Loin des débats politiques, un autre Languedocien marque la Belle Epoque. Une maladie mal connue, deux chutes malencontreuses, laissèrent à Henri de Toulouse Lautrec un corps d'adulte sur deux jambes d'enfant. Extraordinairement doué pour le dessin, à l'abri du besoin grâce à la fortune familiale, Toulouse Lautrec quitte Albi et abandonne bien vite les études qu'il suit à Paris pour vivre à Montmartre et peindre. Il fut l'un des plus grands pour saisir un mouvement, croquer une atmosphère...

Jaurès dans les rues d'Albi.

Latécoère fait de Toulouse une des capitales de l'aviation.

Le XXe siècle.

Depuis le début du siècle, des crises de surproduction ont provoqué la colère des vignerons languedociens. La révolte menée en 1907 par Marcellin Albert est restée dans leur mémoire. Aujourd'hui, le vignoble reste le plus grand du monde, mais en améliorant beaucoup la qualité de leur vin les languedociens relèvent le défi de la concurrence. L'ensemble de l'ancienne province a d'ailleurs connu une modification profonde de ses activités agricoles (irrigation, nouvelles cultures...).

Toulouse et Montpellier sont les deux grands pôles du Languedoc.

Georges Latécoère a fait de Toulouse l'un des hauts lieux de l'aviation. Il fut à la fois un remarquable constructeur (dès 1917), et le créateur des premières lignes aériennes pour l'acheminement du courrier. L'équipe de pilotes qui participa à cette aventure est demeurée célèbre : Didier Daurat, Mermoz, Guillaumat, Saint-Exupéry...

Actuellement, Toulouse est le principal centre de construction et de recherche aéronautique et aérospatiale en France.

L'informatique, les industries de pointe, la recherche scientifique, don

nent à Montpellier un nouveau dynamisme.

Partout en Languedoc le tourisme a connu un essor considérable.

A partir de 1963, un vaste effort d'aménagement du littoral a été entrepris : élimination des moustiques, reboisement, amélioration du réseau routier, création de grandes stations et de ports de plaisance tels que Gruissan, Cap d'Agde, La Grande Motte, Port Camargue...

Le passé et la modernité s'allient pour faire du Languedoc une des régions les plus attrayantes de l'Europe.

La Grande Motte.

Remerciements à François et à Thomas pour leur collaboration.
Merci à Marie-Paule, ainsi qu'à Frantz Duchazeau.
　　Les Auteurs.

SOMMAIRE

Le Languedoc .... p. 2

De la préhistoire à la fondation de Narbonne .... p. 4

Le Languedoc Romain .... p. 6

Des barbares aux comtes de Toulouse .... p. 8

Le Languedoc des troubadours .... p. 10

La croisade contre les Albigeois .... p. 12

L'annexion du Languedoc au domaine royal .... p. 14

La province de Languedoc à la fin du Moyen Age .... p. 16

Un pays de sciences et de cocagne ? .... p. 18

Le Languedoc déchiré par les guerres de religion .... p. 20

Et le rêve devint réalité .... p. 22

La bête du Gévaudan .... p. 24

L'industrie ou la vigne ? .... p. 26

De l'ancien régime à la république .... p. 28

Le XXe siècle .... p. 30

© Copyright 1994 – Editions Sud Ouest. Ce livre a été imprimé par Pollina à Luçon (85) - France. La photocomposition est de Sud Ouest à Bordeaux. La photogravure est de Photogravure System à Luçon. La couverture a été tirée par l'imprimerie Raynard à La Guerche de Bretagne (35), et pelliculée par Pollina.
ISBN : 2.87901.132.9 Editeur :414.01.06.11.94. N° d'impression : 66094